El Camino Hacia La Independencia Financiera

Rodolfo Polanco

El Camino Hacia La Independencia Financiera

ISBN: 9798867041045

Copyright © 2023 Por Rodolfo Polanco

All rights reserved.

Contents

Parte 1
El Despertar Financiero

Introducción

¿Alguna vez has soñado con una vida en la que el dinero trabaje para ti en lugar de ser tú quien trabaje para el dinero? ¿Te has preguntado si es posible alcanzar la independencia financiera y vivir la vida que siempre has deseado? La respuesta es un rotundo sí, y este libro está diseñado para mostrarte cómo.

Bienvenido a un viaje extraordinario hacia la independencia financiera. En las páginas que siguen, conocerás a Juan, un protagonista cuya historia te inspirará y te guiará a través de un camino transformador en el mundo de las finanzas personales.

El viaje de Juan es una representación de la búsqueda universal de seguridad financiera, libertad y la realización de sueños. Comenzó con deudas, dudas y la sensación de que sus metas financieras eran inalcanzables. Pero, a medida que enfrentó sus miedos y se adentró en el vasto océano de las finanzas personales, descubrió que la independencia financiera no era un sueño distante, sino una realidad alcanzable.

A lo largo de estas páginas, Juan compartirá sus experiencias, triunfos y desafíos. Aprenderás cómo adquirió la educación financiera necesaria, estableció metas claras, desarrolló estrategias de inversión efectivas y superó obstáculos inesperados en su camino hacia la independencia financiera.

Pero este libro no se trata solo de números y cifras. También explora la importancia de la resiliencia, la adaptabilidad, la salud financiera y mental, y la filantropía en el camino hacia la independencia financiera. Descubrirás cómo Juan equilibró su bienestar emocional y financiero, construyó un legado significativo y buscó hacer un impacto positivo en la sociedad.

Al concluir cada capítulo, encontrarás lecciones valiosas y consejos prácticos que podrás aplicar a tu propia vida financiera. Este libro no solo te proporcionará conocimientos, sino que también te inspirará a tomar medidas y a comprometerte en tu propio viaje hacia la independencia financiera.

Independencia financiera no es solo sobre dinero; se trata de la libertad de elegir cómo deseas vivir tu vida y de hacer realidad tus sueños. Estás a punto de comenzar tu propio viaje hacia una vida financiera plena y significativa. Acompáñanos en este emocionante viaje y descubre que la independencia financiera está al alcance de todos los que están dispuestos a emprenderla.

¡Prepárate para transformar tu vida financiera y para convertir tus sueños en realidad!

I

El Despertar Financiero

Juan se encontraba sentado en su pequeño apartamento, con una pila de facturas sin abrir en la mesa de la cocina. La luz tenue del atardecer se colaba por las cortinas maltratadas, revelando su expresión cansada y preocupada. A sus treinta y tantos años, la vida de Juan no se parecía en nada a lo que había imaginado en sus años de juventud.

Tras haber trabajado durante más de una década en una oficina corporativa, Juan se encontraba atrapado en una rutina monótona que no le apasionaba. Las deudas de tarjeta de crédito se habían acumulado, y el salario que ganaba apenas alcanzaba para cubrir sus gastos básicos. La promoción que tanto esperaba nunca llegaba, y sus sueños de viajar por el mundo o comprar una casa propia parecían cada vez más lejanos.

Esa noche, como tantas otras, se sumió en sus pensamientos mientras hojeaba las facturas. Sabía que necesitaba un cambio en su vida financiera, pero no sabía por dónde empezar. Las palabras "independencia financiera" y "libertad financiera" le sonaban a conceptos inalcanzables.

En medio de su desesperación, Juan decidió darse un respiro y tomó su abrigo. Salió a dar un paseo por el vecindario, esperando encontrar algo que lo distrajera de sus preocupaciones. Sin embargo, lo que encontró cambiaría su vida de una manera que nunca hubiera imaginado.

Mientras caminaba por una calle tranquila, Juan notó un cartel en una tienda local que anunciaba una conferencia sobre emprendimiento y finanzas. Aunque no era un tema que normalmente le interesara, algo en ese cartel llamó su atención. Una imagen de un hombre de mediana edad con una sonrisa confiada lo miraba desde el papel. El título del evento decía: "Desbloquea tu Potencial Financiero y Alcanza la Libertad". Intrigado, Juan tomó nota de la fecha y la dirección.

El camino de Juan hacia la libertad financiera estaba a punto de comenzar, pero él aún no lo sabía. Mientras miraba el cartel, una chispa de esperanza se encendió en sus ojos. Tal vez, solo tal vez, había una manera de cambiar su vida y tomar control de su futuro financiero.

II

El encuentro fortuito

La conferencia sobre emprendimiento y finanzas resultó ser en un modesto salón de un hotel local. Juan entró, sintiendo una mezcla de emoción y escepticismo. No estaba seguro de qué esperar, pero estaba dispuesto a escuchar cualquier cosa que pudiera ayudarlo a cambiar su situación financiera.

El salón estaba lleno de personas de diferentes edades y trasfondos, todas con la misma expresión de búsqueda en sus rostros. Juan eligió un asiento cerca del frente y esperó mientras los oradores se preparaban en el escenario. La charla introductoria comenzó con una serie de conceptos financieros que Juan apenas entendía. Se preguntaba si había cometido un error al venir, pero algo dentro de él le decía que debía quedarse.

Fue entonces cuando apareció en el escenario un hombre de mediana edad con una presencia magnética. Vestía un traje impecable y tenía una sonrisa que iluminaba la habitación. Era Daniel, el mismo hombre que aparecía en el cartel que había visto en la calle. Comenzó a hablar con pasión sobre la importancia de tomar el control de nuestras finanzas y trabajar hacia la independencia financiera.

Juan escuchaba atentamente mientras Daniel compartía su propia historia de superación y éxito financiero. Había pasado de estar endeudado y frustrado a ser un hombre libre financieramente, capaz de tomar decisiones sin preocuparse por el dinero.

"La independencia financiera no es solo para unos pocos afortunados", dijo Daniel. "Es un camino que cualquiera puede tomar si está dispuesto a aprender y a tomar acción."

Cuando la conferencia terminó, Juan sintió que algo había cambiado dentro de él. Se acercó a la mesa donde Daniel estaba firmando copias de su libro, "La Ruta hacia la Libertad Financiera". Juan decidió comprar una copia y se formó en la fila, esperando su turno.

Cuando llegó su turno, Daniel lo miró con una mirada penetrante y dijo: "Tienes el potencial para lograr la libertad financiera, Juan. Pero primero, debes comprometerte a aprender y a tomar acción. Si estás dispuesto a hacerlo, puedo ayudarte en este viaje."

Juan asintió con determinación. Había encontrado a alguien que parecía entender su situación y que estaba dispuesto a ayudarlo a cambiarla. Ese encuentro fortuito en la conferencia podría ser el comienzo de una nueva vida financiera para él.

III

Inicio de la transformación

La mañana después de la conferencia, Juan se despertó con un sentido renovado de propósito. Había pasado gran parte de la noche leyendo el libro de Daniel, "La Ruta hacia la Libertad Financiera", y estaba ansioso por comenzar su transformación financiera. Se dio cuenta de que había llegado el momento de dejar atrás sus malos hábitos financieros y tomar el control de su vida.

Esa misma semana, Juan se reunió con Daniel en un pequeño café local para su primera sesión de asesoramiento financiero. Daniel le proporcionó una libreta y un bolígrafo y le pidió que comenzara a llevar un registro detallado de todos sus gastos durante las próximas semanas.

"El primer paso para tomar el control de tus finanzas es entender dónde se va tu dinero", explicó Daniel. "Esto te ayudará a identificar áreas en las que puedes hacer ajustes y empezar a ahorrar."

Juan asintió y comenzó a registrar cada gasto, desde el café matutino hasta las cenas en restaurantes y las compras impulsivas. A medida que la lista crecía, se daba cuenta de cuánto dinero gastaba en cosas que realmente no necesitaba.

En las siguientes semanas, Daniel continuó guiando a Juan en la creación de un presupuesto detallado. Juntos, revisaron sus ingresos y gastos, y establecieron metas financieras realistas. Juan aprendió a separar sus gastos en categorías como vivienda, transporte, alimentos y entretenimiento.

"El presupuesto es tu plan financiero", explicó Daniel. "Te ayudará a evitar gastos innecesarios y a dirigir tu dinero hacia lo que realmente importa."

Juan comenzó a hacer ajustes en su estilo de vida. Dejó de comer fuera con tanta frecuencia, canceló algunas suscripciones innecesarias y buscó maneras de reducir sus gastos en general. A medida que implementaba estos cambios, empezó a ver pequeños ahorros que antes pasaban desapercibidos.

A pesar de los desafíos, Juan estaba motivado para continuar. Sabía que el camino hacia la libertad financiera no sería fácil, pero estaba decidido a dar los pasos necesarios. Daniel, con su paciencia y conocimiento, se convirtió en su guía en este viaje hacia una nueva vida financiera.

IV

El plan de acción

Con el paso de las semanas, Juan continuó trabajando en su presupuesto y controlando sus gastos con determinación. Había hecho ajustes significativos en su estilo de vida y estaba empezando a ver resultados, pero sabía que necesitaba más que un presupuesto para lograr la independencia financiera. Era hora de crear un plan de acción más completo.

En su segunda sesión de asesoramiento financiero con Daniel, se sentaron en la misma mesa del café local. Daniel llevaba consigo una carpeta llena de hojas de trabajo y gráficos. Habían llegado a un punto en el que era necesario trazar un plan financiero a largo plazo.

"Tu presupuesto es el primer paso, Juan", comenzó Daniel. "Ahora necesitas establecer metas financieras claras y un plan estratégico para alcanzarlas."

Juan escuchó con atención mientras Daniel lo guiaba a través del proceso de establecer objetivos financieros. Juntos, identificaron sus metas a corto, mediano y largo plazo. Algunas de estas metas incluían pagar por completo sus deudas de tarjeta de crédito, construir un fondo de emergencia y comenzar a invertir para su jubilación.

Con las metas establecidas, Daniel y Juan comenzaron a trabajar en un plan de acción detallado. Analizaron su presupuesto y determinaron cuánto podía destinar a cada objetivo. Daniel también introdujo a Juan en el mundo de la inversión y la importancia de diversificar sus activos.

"La inversión es una forma poderosa de hacer crecer tu patrimonio neto a lo largo del tiempo", explicó Daniel. "Pero es importante hacerlo de manera inteligente y diversificada para reducir el riesgo."

Juan se dio cuenta de que había mucho por aprender sobre inversiones, pero estaba emocionado por la idea de que su dinero pudiera trabajar para él en lugar de en su contra.

A medida que avanzaba su plan de acción, Juan se comprometió a seguir aprendiendo sobre finanzas personales. Daniel le recomendó libros, cursos en línea y recursos adicionales para ampliar su conocimiento. Juan también se sumergió en el mundo de los blogs y los podcasts financieros, buscando inspiración y consejos de otros que habían logrado la libertad financiera.

A medida que los meses pasaban, Juan y Daniel seguían trabajando juntos en la ejecución del plan de acción. Había momentos de desafío y tentación, pero Juan sabía que estaba en el camino correcto hacia una vida financiera más sólida y segura.

V

Desafíos financieros

A medida que Juan continuaba su viaje hacia la libertad financiera bajo la guía de Daniel, se encontraba con desafíos que ponían a prueba su determinación y su nuevo enfoque en las finanzas personales.

Uno de los mayores desafíos para Juan era la tentación de gastar dinero de manera impulsiva. Durante años, había caído en la trampa de las compras impulsivas y los gastos superfluos. Ahora, cada vez que pasaba frente a una tienda de electrónicos o veía una oferta irresistible en línea, tenía que recordarse a sí mismo su objetivo financiero.

En una ocasión, Juan estuvo a punto de comprar un televisor nuevo que no necesitaba realmente. Estaba a punto de hacer clic en el botón de compra en línea cuando recordó las conversaciones con Daniel sobre las diferencias entre necesidades y deseos. Respiró profundamente, cerró la ventana del navegador y decidió destinar ese dinero a su fondo de emergencia en su lugar.

Otro desafío que enfrentaba Juan era la presión social para gastar dinero. Sus amigos solían organizar cenas costosas o salidas nocturnas que no estaban dentro de su presupuesto. Temía que si rechazaba estas invitaciones, sus amigos pensaran que había cambiado o que se volvía "tacaño". Sin embargo, aprendió a comunicar sus metas financieras de manera honesta y abierta.

En una ocasión, Juan habló con su amiga Laura sobre su plan financiero. Le explicó que estaba tratando de pagar sus deudas y ahorrar para su futuro. Para su sorpresa, Laura no solo lo entendió, sino que también lo apoyó y se comprometió a buscar actividades más económicas para pasar tiempo juntos.

Los desafíos también se presentaron en forma de gastos inesperados, como reparaciones de automóviles o facturas médicas. Juan se dio cuenta de la importancia de tener un fondo de emergencia sólido y trabajó diligentemente para construirlo. Cada vez que enfrentaba un gasto inesperado, utilizaba su fondo de emergencia en lugar de recurrir a la tarjeta de crédito, lo que le permitía mantener su rumbo hacia la libertad financiera.

A medida que superaba estos desafíos, Juan se sentía más empoderado y en control de sus finanzas. Había aprendido a tomar decisiones financieras informadas y a resistir la tentación de gastar dinero de manera impulsiva. Cada obstáculo superado lo acercaba un paso más a su objetivo de independencia financiera.

VI

Éxito y fracaso

A medida que Juan avanzaba en su viaje hacia la libertad financiera, experimentaba tanto momentos de éxito como de fracaso. Aprendió que el camino hacia una mejor situación financiera no era lineal y que había altibajos en el camino.

Uno de los primeros éxitos notables de Juan fue pagar por completo una de sus tarjetas de crédito. Había estado trabajando arduamente para reducir sus deudas, y finalmente, logró liquidar una de las cuentas. Fue un momento de celebración y una señal de que sus esfuerzos estaban dando resultados.

Sin embargo, no todo fue un camino sin obstáculos. En una ocasión, Juan tuvo un tropiezo financiero cuando su automóvil sufrió una avería costosa. Tuvo que gastar una parte sustancial de su fondo de emergencia para repararlo. Aunque fue un golpe financiero, Juan se consoló sabiendo que tenía un fondo de emergencia para enfrentar ese tipo de situaciones sin recurrir a la deuda.

Daniel siempre estuvo allí para recordarle a Juan que los errores financieros son lecciones valiosas. Le dijo que lo importante no era evitar todos los fracasos, sino aprender de ellos y seguir adelante. A través de estos desafíos, Juan desarrolló una mayor resistencia y confianza en sus habilidades financieras.

A medida que el tiempo pasaba, Juan continuó construyendo su fondo de emergencia y realizando inversiones prudentes. Su cartera de inversiones crecía gradualmente y comenzó a generar ingresos pasivos. Esto le permitió ver el potencial de la inversión a largo plazo y cómo podía contribuir a su objetivo de independencia financiera.

A pesar de los altibajos, Juan nunca perdió de vista su objetivo final: la libertad financiera. Sabía que estaba en el camino correcto y que cada paso que daba lo acercaba un poco más a esa meta. A medida que celebraba sus éxitos y enfrentaba sus fracasos, se dio cuenta de que estaba construyendo una base financiera sólida que le permitiría tomar el control de su vida de una manera que nunca había imaginado.

VII

La inversión y la creación de riqueza

A medida que Juan avanzaba en su viaje hacia la independencia financiera, llegó a un punto crucial en el que tenía que explorar el mundo de la inversión para hacer crecer su patrimonio neto. Daniel se convirtió en su guía en este nuevo y emocionante territorio financiero.

Daniel comenzó explicando los conceptos fundamentales de la inversión. Le mostró a Juan cómo funcionaban las acciones, los bonos y otros tipos de inversiones. Le habló de la importancia de diversificar su cartera para reducir el riesgo y le enseñó a analizar empresas y sectores antes de tomar decisiones de inversión.

"La inversión es una forma poderosa de hacer crecer tu dinero a lo largo del tiempo", le dijo Daniel. "Pero también conlleva cierto riesgo. La clave está en tomar decisiones informadas y mantener un horizonte de inversión a largo plazo."

Juan estaba emocionado pero consciente de que tenía mucho por aprender. A medida que profundizaba en el mundo de la inversión, estudiaba libros, seguía blogs financieros y escuchaba podcasts sobre el tema. Comenzó a observar más de cerca su cartera de inversiones y a realizar ajustes según las condiciones del mercado.

Una de las lecciones más valiosas que Juan aprendió de Daniel fue la importancia de la paciencia en la inversión. Aunque el mercado de valores a veces experimentaba altibajos, Daniel le recordaba que el tiempo en el mercado, no el timing del mercado, era lo que importaba.

Con el tiempo, Juan comenzó a ver los frutos de sus esfuerzos de inversión. Su cartera crecía de manera constante y empezaba a generar ingresos pasivos que complementaban sus ingresos laborales. A medida que reinvertía las ganancias y mantenía su horizonte de inversión a largo plazo, se dio cuenta de que estaba creando riqueza de manera constante.

Sin embargo, también hubo momentos de volatilidad en el mercado que pusieron a prueba la paciencia de Juan. Daniel lo alentó a mantenerse enfocado en sus metas a largo plazo y a no tomar decisiones impulsivas en respuesta a las fluctuaciones del mercado.

Con el tiempo, Juan se convirtió en un inversor más experimentado y confiado. Había creado una cartera diversificada que se alineaba con sus objetivos financieros a largo plazo. A medida que continuaba construyendo riqueza a través de la inversión, se dio cuenta de que su sueño de alcanzar la libertad financiera estaba cada vez más cerca de hacerse realidad.

VIII

El logro de la independencia financiera

Los años pasaron y Juan continuó siguiendo el plan que había trazado con Daniel. Había reducido sus deudas, construido un fondo de emergencia sólido y había invertido de manera prudente para el futuro. Cada vez que enfrentaba obstáculos financieros, recordaba las lecciones que había aprendido y perseveraba.

Un día, mientras revisaba su estado financiero, Juan se dio cuenta de que había alcanzado un hito importante. Había acumulado suficiente patrimonio neto y sus inversiones generaban suficientes ingresos pasivos para cubrir sus gastos mensuales básicos. Había logrado la independencia financiera.

Ese logro marcó un momento de celebración en la vida de Juan. Se sintió libre de las preocupaciones financieras que lo habían atormentado durante tanto tiempo. Ya no estaba atrapado en un trabajo que no le apasionaba ni en un ciclo interminable de deudas. Ahora tenía la flexibilidad de tomar decisiones financieras basadas en sus deseos y metas personales.

Con su independencia financiera, Juan también pudo perseguir sus pasiones y sueños. Comenzó a explorar oportunidades emprendedoras que antes solo habían sido un anhelo. Incluso pudo tomar un período sabático para viajar y experimentar el mundo, algo que siempre había deseado.

A medida que compartía su éxito con Daniel y otros que habían seguido el mismo camino, Juan se dio cuenta de que la independencia financiera no era solo un logro personal, sino también una responsabilidad. Ahora, tenía la oportunidad de inspirar y guiar a otros en su búsqueda de una mejor situación financiera.

La historia de Juan se convirtió en una fuente de inspiración para su familia y amigos. Muchos de ellos comenzaron a tomar medidas similares para mejorar sus finanzas personales y perseguir sus propios objetivos financieros. Juan se convirtió en un mentor y un defensor de la educación financiera en su comunidad.

Daniel, su mentor de toda la vida, también se sintió orgulloso del éxito de Juan. Sabía que su papel como guía financiero había dado sus frutos y que Juan ahora tenía las herramientas y el conocimiento para tomar decisiones financieras sólidas por sí mismo.

El logro de la independencia financiera no marcó el final del viaje de Juan, sino el comienzo de una nueva etapa de su vida. Ahora tenía la libertad de elegir cómo quería vivir y cómo quería utilizar su tiempo y recursos. Sabía que el camino había sido desafiante, pero también sabía que valió la pena cada esfuerzo.

IX

Lecciones aprendidas

A medida que Juan reflexionaba sobre su viaje hacia la independencia financiera, se dio cuenta de que había acumulado una serie de lecciones valiosas que le habían permitido transformar por completo su vida financiera. Estas lecciones se convirtieron en pilares fundamentales de su nueva filosofía financiera.

1. **Control de gastos**: Juan aprendió la importancia de llevar un registro detallado de sus gastos y de separar sus necesidades de sus deseos. Entender dónde se iba su dinero fue el primer paso para tomar el control de sus finanzas.

2. **Presupuesto sólido**: La creación de un presupuesto efectivo le permitió a Juan asignar sus ingresos de manera estratégica y evitar gastos

innecesarios. Su presupuesto se convirtió en su plan financiero personal.

3. **Eliminación de deudas**: A través del esfuerzo constante y la disciplina, Juan liquidó sus deudas de tarjeta de crédito. Aprendió a vivir dentro de sus medios y a evitar la carga de intereses.

4. **Fondo de emergencia**: La creación y el mantenimiento de un fondo de emergencia sólido le proporcionaron tranquilidad y la capacidad de hacer frente a gastos inesperados sin recurrir a la deuda.

5. **Inversión inteligente**: Juan descubrió el poder de la inversión a largo plazo y la importancia de diversificar su cartera. Aprendió a analizar empresas y a tomar decisiones informadas en el mercado de valores.

6. **Paciencia financiera**: Comprender que los altibajos del mercado eran

normales y que el tiempo en el mercado era más importante que el timing le ayudó a mantener una perspectiva a largo plazo en sus inversiones.

7. **Comunicación financiera**: Juan aprendió a comunicar abierta y honestamente sus objetivos financieros con amigos y familiares. Descubrió que muchos estaban dispuestos a apoyarlo y que juntos podían encontrar formas de socializar sin gastar en exceso.

8. **Mentoría y educación financiera**: La orientación de un mentor, en este caso, Daniel, fue invaluable en su viaje hacia la independencia financiera. La educación financiera continua fue clave para tomar decisiones informadas.

9. **Responsabilidad financiera**: Juan se dio cuenta de que, una vez que alcanzó la independencia financiera, tenía la responsabilidad de inspirar y

guiar a otros en su búsqueda de una mejor situación financiera. Se convirtió en un defensor de la educación financiera en su comunidad.

Estas lecciones no solo transformaron la vida financiera de Juan, sino que también le brindaron la libertad y la confianza para vivir la vida que siempre había deseado. Sabía que el viaje hacia la independencia financiera era un proceso continuo y que siempre habría más por aprender, pero estaba preparado para enfrentar cualquier desafío que se interpusiera en su camino.

Parte II

El Viaje Continúa

Nuevos horizontes financieros

La vida de Juan había experimentado un cambio radical desde que había logrado la independencia financiera en la primera parte de su historia. Había dejado atrás la preocupación constante por las deudas y los gastos excesivos. Ahora, se encontraba en una nueva etapa de su viaje financiero, explorando horizontes financieros más amplios y desafiantes.

Con la ayuda de Daniel y otros mentores que había conocido en su camino hacia la independencia financiera, Juan se había convertido en un inversor más experimentado y había diversificado su cartera de inversiones. Había aprendido a tomar decisiones informadas en el mercado de valores y a administrar sus activos de manera eficiente.

Pero la segunda parte de su viaje no se trataba solo de inversiones y patrimonio neto. Juan se había dado cuenta de que había otros aspectos importantes de su vida financiera que debía abordar. Uno de esos aspectos era la planificación patrimonial y fiscal.

En este nuevo capítulo de su viaje, Juan estaba decidido a comprender cómo proteger su riqueza acumulada y a maximizar la eficiencia fiscal de sus inversiones. Había comenzado a investigar sobre testamentos, fideicomisos y estrategias fiscales avanzadas. También había consultado a expertos en planificación patrimonial para asegurarse de que su legado financiero estuviera bien protegido.

Además de la planificación patrimonial, Juan estaba explorando oportunidades empresariales y emprendimiento como una forma de aumentar su riqueza. Había comenzado a investigar ideas de negocios y a hablar con emprendedores exitosos que compartían sus experiencias y lecciones aprendidas.

Un nuevo personaje, María, se cruzó en el camino de Juan en esta segunda parte de su historia. María era una empresaria exitosa que había construido su propio imperio comercial a lo largo de los años. Juan quedó impresionado por su visión y determinación, y comenzó a aprender de ella sobre los desafíos y recompensas del mundo empresarial.

A medida que Juan exploraba nuevos horizontes financieros, también continuaba enfrentando desafíos financieros en su camino. La vida siempre traía sorpresas inesperadas, y Juan sabía que debía estar preparado para afrontarlas. A pesar de los obstáculos, su determinación y su conocimiento financiero lo mantenían en el camino hacia la prosperidad y el éxito continuo.

Este nuevo capítulo en la vida financiera de Juan prometía desafíos emocionantes y oportunidades emocionantes. Estaba listo para abrazar los nuevos horizontes financieros que se abrían ante él y seguir aprendiendo y creciendo en su búsqueda de una vida financiera más sólida y significativa.

XI

Estrategias avanzadas de inversión

Juan estaba emocionado por su crecimiento como inversor y estaba ansioso por explorar estrategias avanzadas que le permitieran hacer crecer aún más su patrimonio neto. Había aprendido mucho en su viaje hacia la independencia financiera, pero sabía que aún había mucho por descubrir.

Daniel, su mentor de confianza, lo había guiado a lo largo de esta nueva fase de su viaje. Juntos, exploraron estrategias de inversión más avanzadas que le permitirían a Juan aprovechar al máximo su cartera y generar ingresos significativos a largo plazo.

Una de las primeras estrategias que Juan comenzó a explorar fue la inversión en bienes raíces. Daniel le explicó cómo adquirir propiedades de inversión y cómo evaluar su potencial de rentabilidad. Aprendió sobre los diferentes tipos de propiedades, desde apartamentos hasta locales comerciales, y cómo cada uno tenía sus propias ventajas y desafíos.

Otra área de interés para Juan fue la inversión en el mercado de valores internacional. A medida que expandía su horizonte financiero, se dio cuenta de que diversificar su cartera más allá de las fronteras nacionales podía proporcionarle acceso a oportunidades de inversión únicas y reducir el riesgo.

Daniel le presentó a expertos en inversiones internacionales y le ayudó a comprender cómo evaluar empresas y mercados extranjeros. Aprendió a considerar factores económicos y políticos en el extranjero, así como las implicaciones fiscales de las inversiones internacionales.

"La diversificación internacional puede ser una estrategia poderosa para reducir el riesgo en tu cartera", explicó Daniel. "Pero también es importante entender las diferencias culturales y regulatorias en los mercados extranjeros".

Juan se comprometió a estudiar y analizar cuidadosamente las oportunidades de inversión en el extranjero antes de tomar decisiones informadas. Comenzó a seguir noticias internacionales y a investigar empresas globales que se alinearan con sus objetivos de inversión a largo plazo.

A medida que avanzaba en su exploración de estrategias avanzadas, también se topó con la inversión en bonos y otras clases de activos más complejas. Cada nueva estrategia requería un aprendizaje detallado y una comprensión profunda, pero Juan estaba dispuesto a hacer el trabajo necesario.

Este capítulo marcó el comienzo de una nueva fase en el viaje de Juan hacia la independencia financiera. A través de la exploración de estrategias avanzadas de inversión, se abrieron nuevas oportunidades y desafíos. Juan sabía que aún tenía mucho que aprender y que el camino hacia el éxito financiero continuaba siendo un emocionante viaje de crecimiento y descubrimiento.

XII

Planificación patrimonial y fiscal

Con la exploración de estrategias de inversión más avanzadas en marcha, Juan se dio cuenta de que era el momento adecuado para abordar otro aspecto crítico de su vida financiera: la planificación patrimonial y fiscal. Sabía que para preservar y hacer crecer su riqueza acumulada, era esencial comprender cómo gestionar su patrimonio de manera efectiva y minimizar sus obligaciones fiscales.

Juan comenzó su viaje en la planificación patrimonial investigando sobre testamentos y fideicomisos. Se dio cuenta de que, si bien su enfoque inicial había sido construir riqueza, también era importante asegurarse de que su patrimonio se distribuyera según sus deseos y de manera eficiente desde el punto de vista fiscal.

Con la ayuda de asesores legales y financieros especializados en planificación patrimonial, Juan comenzó a diseñar un plan de sucesión sólido. Estableció un testamento que reflejaba sus deseos y garantizaba que sus activos se distribuyeran de manera justa y eficiente entre sus seres queridos.

Además, Juan aprendió sobre fideicomisos y cómo podían utilizarse para proteger y gestionar su patrimonio de manera continua. Estos instrumentos legales le brindaron tranquilidad sabiendo que su legado financiero estaría en buenas manos y se utilizaría para beneficiar a las generaciones futuras.

La planificación fiscal también se convirtió en una parte integral de su enfoque. Juan sabía que minimizar sus obligaciones fiscales le permitiría mantener más de su riqueza acumulada. Comenzó a investigar estrategias fiscales avanzadas y consultó a expertos en impuestos para optimizar su situación fiscal.

Aprendió sobre estrategias como la diversificación de activos fiscales y la planificación de impuestos a la herencia. También consideró cómo estructurar sus inversiones de manera eficiente desde el punto de vista fiscal y aprovechar las deducciones y créditos fiscales disponibles.

"La planificación patrimonial y fiscal es esencial para proteger tu legado y asegurarte de que tus activos se utilicen de la mejor manera posible", le dijo Daniel. "Es un componente clave de la gestión de la riqueza a largo plazo."

A medida que avanzaba en su planificación patrimonial y fiscal, Juan sintió un nuevo nivel de seguridad en su posición financiera. Sabía que había tomado medidas significativas para preservar su riqueza y minimizar sus obligaciones fiscales. Esto le brindó la confianza para seguir explorando oportunidades financieras avanzadas y desafiantes.

Este capítulo marcó un hito importante en el viaje de Juan hacia la independencia financiera. La planificación patrimonial y fiscal se había convertido en una parte crucial de su estrategia financiera global, y Juan estaba comprometido en asegurarse de que su legado financiero perdurara para las generaciones venideras.

XIII

Emprendimiento y desarrollo de negocios

Juan había recorrido un largo camino en su viaje hacia la independencia financiera. Había aprendido a controlar sus gastos, eliminar deudas, invertir sabiamente y realizar una planificación patrimonial y fiscal eficiente. Pero aún sentía que había más por descubrir y que podía lograr mucho más en su búsqueda de la libertad financiera.

Una idea que había estado dando vueltas en su mente durante mucho tiempo era la posibilidad de emprender su propio negocio. Si bien había tenido éxito en su carrera laboral y en sus inversiones, tenía un deseo ardiente de ser su propio jefe y crear algo significativo por sí mismo.

Juan comenzó a investigar diferentes oportunidades de negocios. Exploró industrias que le apasionaban y consideró las necesidades no satisfechas en el mercado. Finalmente, encontró una idea de negocio que le entusiasmaba: una empresa que se especializaría en la producción de productos ecológicos y sostenibles.

El camino hacia el emprendimiento no fue fácil. Juan sabía que requeriría tiempo, esfuerzo y recursos significativos para poner en marcha su empresa. También sabía que había riesgos involucrados, pero estaba dispuesto a asumirlos con determinación y un plan sólido.

Daniel, su mentor, lo alentó en su empresa y compartió sus propias experiencias como emprendedor. Le recordó la importancia de la planificación estratégica y financiera al comenzar un nuevo negocio. Juntos, desarrollaron un plan de negocios sólido y aseguraron la financiación necesaria.

A medida que la empresa de Juan comenzaba a tomar forma, enfrentó desafíos y obstáculos. Tuvo que aprender a administrar un equipo, a comercializar sus productos y a competir en el mercado. Cada paso del camino, se encontró con lecciones valiosas sobre la gestión empresarial y la toma de decisiones.

María, la empresaria exitosa que había conocido en la primera parte de su viaje, se convirtió en una fuente de inspiración y orientación para Juan en su viaje emprendedor. Compartió sus experiencias y lecciones aprendidas, y lo alentó a perseverar en los momentos difíciles.

A medida que su empresa crecía, Juan se dio cuenta de que el emprendimiento no solo tenía el potencial de generar ingresos significativos, sino también de alinear sus valores personales con sus actividades comerciales. Estaba contribuyendo a la sostenibilidad ambiental y al bienestar de la comunidad.

Este capítulo marcó el comienzo de una emocionante aventura empresarial para Juan. A través del emprendimiento y el desarrollo de su propio negocio, estaba creando nuevas oportunidades financieras y persiguiendo su pasión por la sostenibilidad.

Aunque sabía que habría desafíos por delante, estaba decidido a seguir adelante y aprovechar al máximo esta nueva etapa de su vida financiera.

XIV

Nuevos desafíos financieros

A medida que Juan avanzaba en su viaje hacia la independencia financiera, estaba preparado para enfrentar nuevos desafíos financieros. Sabía que la vida siempre traía sorpresas inesperadas y que debía estar listo para adaptarse y tomar decisiones informadas, incluso en situaciones difíciles.

Uno de los primeros desafíos que Juan enfrentó en esta etapa fue una fluctuación significativa en el mercado de valores. Después de años de crecimiento constante en sus inversiones, experimentó una disminución repentina en el valor de sus acciones debido a una corrección del mercado.

Aunque la caída del mercado lo tomó por sorpresa, Juan recordó las lecciones de paciencia y enfoque a largo plazo que había aprendido. En lugar de entrar en pánico, decidió mantener su posición y confiar en la recuperación a largo plazo del mercado. Continuó invirtiendo de manera disciplinada y diversificó aún más su cartera.

El desafío siguiente se presentó en forma de una oportunidad de inversión inesperada. Juan se enteró de un proyecto de desarrollo inmobiliario que parecía prometedor, pero requería una inversión sustancial. A pesar de la incertidumbre, decidió analizar detenidamente la oportunidad y consultó a expertos en bienes raíces antes de tomar una decisión.

Este desafío le enseñó la importancia de evaluar cuidadosamente las oportunidades de inversión y de equilibrar el riesgo con la recompensa. Aprendió que, incluso en momentos de incertidumbre, tomar decisiones informadas era esencial para el éxito financiero.

El tercer desafío que Juan enfrentó en esta etapa fue un cambio en su situación laboral. Su empresa había decidido realizar una reestructuración y ofreció a Juan la oportunidad de mudarse a una ubicación diferente o enfrentar la posibilidad de una reducción en su rol actual.

Juan se encontró ante una decisión difícil. Si bien su independencia financiera le brindaba cierta flexibilidad, también quería equilibrar sus objetivos profesionales y personales. A través de la planificación financiera que había realizado anteriormente, pudo tomar una decisión informada que se alineara con sus metas a largo plazo.

En cada uno de estos desafíos financieros, Juan se apoyó en las lecciones que había aprendido a lo largo de su viaje. Mantuvo la calma en momentos de incertidumbre, se apoyó en la planificación financiera sólida y buscó orientación cuando la necesitaba.

A medida que superaba estos obstáculos, Juan seguía avanzando hacia la independencia financiera con determinación y confianza. Sabía que la vida siempre traería desafíos, pero también entendía que su preparación y su conocimiento financiero eran sus mejores herramientas para enfrentar cualquier obstáculo en el camino hacia la libertad financiera.

XV

La importancia de la educación continua

A lo largo de su viaje hacia la independencia financiera, Juan había aprendido una lección fundamental: la educación financiera era un activo invaluable. Había adquirido conocimientos y habilidades que lo habían llevado a donde estaba hoy, pero sabía que su viaje aún no había terminado.

La importancia de la educación financiera continua se hizo evidente cuando se enfrentó a los nuevos desafíos y oportunidades en su vida financiera. A medida que exploraba estrategias de inversión avanzadas, planificación patrimonial y emprendimiento, se dio cuenta de que necesitaba estar al día con los cambios en los mercados financieros y las leyes fiscales.

Juan buscó fuentes de educación financiera actualizadas y confiables. Asistió a seminarios web, conferencias y talleres sobre temas financieros específicos. También se inscribió en cursos en línea y se unió a grupos de discusión en línea donde podía aprender de otros inversores y emprendedores.

Su búsqueda de educación financiera no se limitó a los aspectos técnicos del dinero. También se interesó por las tendencias económicas globales y las implicaciones políticas en los mercados financieros. A medida que ampliaba su comprensión del panorama financiero, se volvía más capaz de tomar decisiones informadas y anticipar cambios en el mercado.

Daniel, su mentor, enfatizó repetidamente la importancia de la educación financiera continua. "El mundo financiero es dinámico y siempre cambia", le dijo. "Estar dispuesto a aprender y adaptarse es esencial para mantener y hacer crecer tu riqueza".

Además de la educación formal, Juan también valoraba las lecciones prácticas que había aprendido a lo largo de su viaje. Había aprendido de sus propias inversiones y decisiones financieras, tanto de los éxitos como de los fracasos. Cada experiencia contribuía a su crecimiento y conocimiento financiero.

A medida que exploraba nuevas oportunidades de negocio, como su empresa de productos sostenibles, también apreciaba la importancia de la capacitación empresarial continua. Se rodeaba de mentores y colegas que compartían su pasión por el emprendimiento y que lo alentaban a seguir aprendiendo y mejorando.

La educación financiera y empresarial se convirtió en un pilar fundamental en la vida de Juan. Sabía que invertir tiempo y recursos en su propio crecimiento educativo era una inversión en su futuro financiero. Le permitía tomar decisiones más informadas, gestionar su patrimonio con eficacia y aprovechar nuevas oportunidades financieras.

XVI

Decisiones de legado

A medida que Juan avanzaba en su viaje hacia la independencia financiera, comenzó a pensar en el legado que deseaba dejar atrás. Había acumulado riqueza y conocimiento a lo largo de los años, y ahora sentía la responsabilidad de asegurarse de que su influencia y su patrimonio tuvieran un impacto duradero y significativo.

Una de las decisiones clave que Juan enfrentó fue cómo deseaba utilizar su riqueza para crear un legado financiero para su familia y las generaciones futuras. Comenzó a hablar con asesores financieros y abogados especializados en planificación patrimonial para diseñar un plan que garantizara que sus seres queridos estuvieran bien cuidados.

Juan también consideró la posibilidad de involucrarse en la filantropía. Había estado inspirado por historias de personas exitosas que habían utilizado parte de su riqueza para beneficiar a causas benéficas y comunidades necesitadas. Comenzó a investigar organizaciones sin fines de lucro y proyectos que alinearan con sus valores personales.

Además de la planificación financiera, Juan reflexionó sobre cómo deseaba que lo recordaran sus seres queridos. Consideró la importancia de transmitir sus valores, experiencias y lecciones de vida a las generaciones futuras. Comenzó a escribir un legado personal, una colección de sus pensamientos y experiencias que serviría como guía y recuerdo para su familia.

María, la empresaria exitosa que había conocido en su viaje, se había convertido en una mentora valiosa en este proceso de toma de decisiones de legado. Compartió su propia experiencia en la creación de una fundación benéfica y cómo había impactado positivamente en la comunidad.

"El legado no solo se trata de dinero", le dijo María. "También se trata de las huellas que dejas en las vidas de las personas y en el mundo en general."

Las decisiones de legado que Juan tomó no se limitaron a su patrimonio y su influencia financiera. También incluyeron decisiones sobre cómo deseaba pasar su tiempo y energía en causas que le apasionaban, como la sostenibilidad y la educación financiera.

A medida que avanzaba en su proceso de toma de decisiones de legado, Juan se dio cuenta de que esta etapa de su viaje le brindaba una sensación de propósito y significado aún más profunda. Estaba construyendo un legado que trascendería su propia vida y dejaría una huella positiva en el mundo.

XVII

Metas a largo plazo y visiones del futuro

A medida que Juan avanzaba en su viaje hacia la independencia financiera, comenzó a reflexionar sobre sus metas a largo plazo y su visión del futuro. Había alcanzado muchos de sus objetivos financieros iniciales, pero sabía que su viaje no había terminado y que había más por lograr.

Uno de los primeros pasos que dio fue revisar y ajustar sus metas financieras a largo plazo. Había alcanzado la libertad financiera, pero ahora deseaba establecer nuevos objetivos que lo desafiaran y lo motivaran. Comenzó a definir metas específicas y medibles para su patrimonio neto, sus inversiones y sus ingresos futuros.

Daniel, su mentor de confianza, lo alentó a pensar en grande y a no temer establecer metas ambiciosas. "Tus metas a largo plazo son el motor que impulsa tu viaje financiero", le dijo Daniel. "Deben ser desafiantes pero alcanzables, y deben alinearse con tus valores y tu visión del futuro."

Juan también comenzó a considerar su visión del futuro más allá de las metas financieras. Se preguntó qué tipo de estilo de vida deseaba llevar y cómo deseaba contribuir a su comunidad y al mundo en general. Imaginó cómo podría combinar sus pasiones y su riqueza para crear un futuro significativo.

Su empresa de productos sostenibles se había convertido en una parte integral de su visión del futuro. Quería que la empresa no solo fuera un éxito financiero, sino también un motor de cambio positivo en términos de sostenibilidad ambiental y responsabilidad social. Trabajó en la expansión de su negocio y en la búsqueda de nuevas oportunidades que alinearan con su visión.

Juan también se enfocó en su crecimiento personal y desarrollo continuo. Sabía que su viaje hacia la independencia financiera había sido una experiencia transformadora, y quería seguir aprendiendo y creciendo en todas las áreas de su vida. Se comprometió a mejorar sus habilidades de liderazgo, comunicación y toma de decisiones.

Además, Juan comenzó a pensar en cómo podía compartir su conocimiento y experiencia con otros. Consideró la posibilidad de convertirse en un mentor o educador financiero para ayudar a otros a alcanzar sus metas financieras. Sabía que había mucho por compartir y que podía marcar una diferencia en las vidas de las personas.

A medida que reflexionaba sobre sus metas a largo plazo y su visión del futuro, Juan sintió una renovada sensación de propósito y dirección en su viaje financiero. Sabía que su independencia financiera era solo el comienzo, y que su capacidad de influir y hacer una diferencia en el mundo estaba más cerca que nunca.

XVIII

Aprendizaje y crecimiento continuo

Juan había recorrido un largo camino en su búsqueda de la independencia financiera, pero sabía que su viaje nunca realmente terminaría. La vida financiera estaba en constante evolución, y él entendía la importancia de mantenerse al día con los cambios y seguir creciendo como individuo.

El aprendizaje y el crecimiento continuo se habían convertido en un pilar fundamental en la vida de Juan. Se había dado cuenta de que, para seguir avanzando y enfrentar nuevos desafíos, debía estar dispuesto a aprender y adaptarse constantemente. Había abrazado esta mentalidad de aprendizaje continuo como parte integral de su camino hacia el éxito financiero.

Una de las formas en que Juan continuaba su aprendizaje era a través de la lectura. Leía libros sobre finanzas personales, inversiones, negocios y desarrollo personal. Cada libro que leía le brindaba nuevos conocimientos y perspectivas que podía aplicar en su vida financiera y personal.

También buscaba oportunidades de educación formal y en línea. Se inscribía en cursos relacionados con inversiones avanzadas, planificación patrimonial, emprendimiento y otros temas relevantes para su viaje. Valoraba el acceso a expertos y recursos de aprendizaje que podían ayudarlo a crecer y prosperar.

El aprendizaje continuo también implicaba estar abierto a nuevas experiencias y desafíos. Juan seguía explorando oportunidades de inversión y negocio, incluso cuando ya había logrado la independencia financiera. Sabía que cada nueva experiencia le brindaba lecciones valiosas y oportunidades de crecimiento.

Además, Juan compartía su conocimiento y experiencia con otros. Se convirtió en un mentor para aquellos que buscaban alcanzar sus propias metas financieras. Compartir su viaje y ayudar a otros a superar obstáculos le brindaba una satisfacción personal significativa.

María, la empresaria exitosa que había conocido en su viaje, también enfatizaba la importancia del aprendizaje continuo. "La curiosidad y la disposición para aprender son las cualidades más importantes que puede tener un emprendedor o un inversor", le dijo. "Nunca dejes de aprender y crecer".

A medida que Juan avanzaba en su viaje, comprendía que el aprendizaje y el crecimiento continuo eran las claves para mantener su independencia financiera y su bienestar a largo plazo. Cada día representaba una oportunidad para adquirir nuevos conocimientos, enfrentar desafíos y avanzar hacia un futuro financiero más sólido y significativo.

Parte III
Optimización y
Sostenibilidad

XIX

La importancia de la inversión socialmente responsable

Juan había recorrido un largo camino en su viaje hacia la independencia financiera. Había aprendido a administrar su dinero con prudencia, a invertir sabiamente y a construir un patrimonio sólido. Pero en esta nueva etapa de su vida financiera, comenzó a considerar un aspecto que iba más allá de la rentabilidad pura: la inversión socialmente responsable.

La inversión socialmente responsable (ISR) se refiere a la práctica de invertir en empresas y activos financieros que no solo buscan obtener beneficios financieros, sino también generar un impacto social y ambiental positivo. Juan se había dado cuenta de que sus inversiones podían ser una herramienta poderosa para respaldar causas en las que creía y promover la sostenibilidad.

Uno de los primeros pasos que dio fue investigar empresas que adoptaban prácticas empresariales sostenibles y éticas. Comenzó a seleccionar cuidadosamente acciones y fondos de inversión que se alineaban con sus valores personales. No solo estaba buscando rendimientos financieros, sino también contribuir al bienestar del planeta y de la sociedad.

A medida que exploraba la ISR, se dio cuenta de que esta estrategia no solo era ética, sino también inteligente desde el punto de vista financiero. Las empresas que operaban de manera sostenible a menudo eran más resistentes a las crisis y tenían un mejor desempeño a largo plazo. La inversión socialmente responsable no era solo una cuestión de hacer lo correcto, sino también una forma de mejorar su propia situación financiera.

Juan también consideró el impacto que sus inversiones podrían tener en la comunidad y el mundo en general. Se unió a grupos de inversores y organizaciones que promovían la ISR y participó en proyectos de impacto social. Quería asegurarse de que su riqueza no solo beneficiara a él y a su familia, sino también a la sociedad en su conjunto.

Su decisión de abrazar la inversión socialmente responsable no solo tuvo un impacto positivo en el mundo, sino que también lo hizo sentirse más conectado con sus valores personales y su visión del futuro. Sabía que estaba contribuyendo a un mundo más sostenible y ético a medida que avanzaba hacia su independencia financiera.

Daniel, su mentor, compartió su entusiasmo por la ISR y lo alentó a seguir explorando esta estrategia. "La inversión socialmente responsable es una forma de utilizar tu riqueza para influir en el mundo de una manera positiva", le dijo. "Es una manifestación del poder que tienes como inversionista."

Este capítulo marcó el inicio de una nueva fase en el viaje de Juan hacia la independencia financiera. Había descubierto el poder de la inversión socialmente responsable y cómo podía utilizar su riqueza como una fuerza para el bien en el mundo. Sabía que esta estrategia no solo mejoraría su situación financiera, sino que también contribuiría a un futuro más sostenible y ético.

XX

Estrategias avanzadas de ahorro y gasto

A lo largo de su viaje hacia la independencia financiera, Juan había aprendido la importancia del ahorro y el gasto responsable. Había dominado las bases del presupuesto y la gestión de gastos, pero ahora buscaba estrategias más avanzadas para optimizar aún más su manejo del dinero.

Una de las estrategias que comenzó a implementar fue la automatización de sus ahorros. Había configurado transferencias automáticas desde su cuenta corriente a sus cuentas de ahorro e inversiones. Esto garantizaba que una parte de sus ingresos se destinara al ahorro antes de que tuviera la oportunidad de gastarlo. Automatizar sus ahorros le permitía acumular riqueza de manera constante y sin esfuerzo.

Otra estrategia clave fue la revisión constante de sus gastos. Juan había estado llevando un seguimiento de sus gastos durante años, pero ahora adoptó un enfoque más minucioso. Analizó sus gastos detenidamente para identificar áreas en las que podía reducir gastos innecesarios y redirigir esos fondos hacia el ahorro e inversión.

Una técnica que encontró especialmente efectiva fue la del "gasto consciente". Antes de realizar una compra significativa, se tomaba el tiempo para reflexionar sobre si realmente necesitaba el artículo y si su compra estaba alineada con sus objetivos financieros y valores personales. Esta práctica lo ayudó a evitar gastos impulsivos y a tomar decisiones más informadas.

Además, Juan comenzó a utilizar tarjetas de crédito con recompensas y beneficios. Escogía tarjetas que ofrecían descuentos en compras específicas o programas de recompensas que le permitían acumular puntos para viajes o descuentos futuros. Esta estrategia le permitía obtener beneficios adicionales por sus gastos cotidianos sin incurrir en deudas.

Daniel, su mentor, le sugirió considerar la posibilidad de inversiones que generaran ingresos pasivos, como bienes raíces o inversiones en dividendos. Estos activos podían proporcionar flujos de efectivo adicionales que complementaban sus ingresos laborales y le brindaban una mayor seguridad financiera.

Juan también adoptó un enfoque más estratégico para la gestión de impuestos. Consultó a un asesor fiscal para aprovechar las oportunidades de deducción fiscal y minimizar su carga tributaria legalmente. A medida que su patrimonio crecía, esta estrategia se volvía aún más importante para optimizar sus finanzas.

A medida que implementaba estas estrategias avanzadas de ahorro y gasto, Juan comenzó a notar un crecimiento constante en su patrimonio. Se dio cuenta de que, a pesar de su independencia financiera, todavía había margen para mejorar y optimizar sus finanzas personales. Cada dólar ahorrado y cada inversión inteligente lo acercaban un paso más a sus objetivos a largo plazo.

Este capítulo destacó cómo Juan avanzó en su viaje financiero al implementar estrategias más avanzadas de ahorro y gasto. Mostró cómo la automatización, la revisión de gastos, la toma de decisiones conscientes y otras técnicas avanzadas pueden ayudar a optimizar el manejo del dinero y acelerar el camino hacia la independencia financiera.

XXI

La gestión del riesgo y la protección financiera

A medida que Juan avanzaba en su viaje hacia la independencia financiera, se daba cuenta de que, si bien acumular riqueza era fundamental, también era esencial protegerla. La vida estaba llena de imprevistos, y la gestión del riesgo y la protección financiera eran elementos clave para asegurarse de que su patrimonio estuviera seguro.

Uno de los primeros pasos que dio fue revisar sus pólizas de seguros. Juan sabía que un seguro adecuado era una parte fundamental de la protección financiera. Se aseguró de tener cobertura de salud sólida, seguro de vida y seguros de propiedad que reflejaran el valor de sus activos. Además, consultó con un asesor de seguros para asegurarse de que sus pólizas fueran las más adecuadas para sus necesidades y circunstancias.

Además de los seguros, Juan comenzó a construir un fondo de emergencia. Sabía que tener un colchón financiero sólido le brindaría tranquilidad en caso de enfrentar desafíos inesperados, como una pérdida de empleo o gastos médicos inesperados. Destinó una parte de sus ahorros a este fondo, que mantuvo en una cuenta accesible pero separada de sus otras inversiones.

Otra parte importante de la gestión del riesgo fue la diversificación de sus inversiones. Juan comprendía que poner todos sus activos en una sola inversión o clase de activos era arriesgado. En su lugar, distribuyó su cartera en una variedad de activos, como acciones, bonos, bienes raíces y más. Esto reducía el riesgo de sufrir pérdidas significativas si una inversión en particular no funcionaba bien.

Juan también consideró la planificación patrimonial y el testamento. A medida que su patrimonio crecía, deseaba asegurarse de que sus activos se distribuyeran de acuerdo con sus deseos en caso de su fallecimiento. Trabajó con un abogado especializado en planificación patrimonial para crear un plan detallado y un testamento que reflejaran sus deseos.

Daniel, su mentor, compartió su experiencia en la planificación patrimonial y la importancia de establecer un poder notarial duradero y designar beneficiarios en cuentas de inversión y seguros de vida. "La planificación patrimonial no es solo para los ricos", le dijo. "Es una forma de proteger lo que has construido y garantizar que tu legado se gestione según tus deseos."

A medida que Juan avanzaba en su viaje, se dio cuenta de que la gestión del riesgo y la protección financiera eran componentes esenciales de su éxito financiero y su independencia. Sabía que, al proteger su patrimonio de manera adecuada, podía enfrentar desafíos inesperados con confianza y continuar construyendo un futuro financiero sólido.

Este capítulo destacó cómo Juan abordó la gestión del riesgo y la protección financiera como parte fundamental de su viaje hacia la independencia financiera. Mostró cómo los seguros, el fondo de emergencia, la diversificación de inversiones y la planificación patrimonial pueden ayudar a proteger y preservar la riqueza a lo largo del tiempo.

XXII

Crecimiento sostenible de la riqueza

A medida que Juan avanzaba en su camino hacia la independencia financiera, comenzó a pensar en cómo podía mantener y hacer crecer su riqueza a largo plazo. Había acumulado un patrimonio significativo, pero sabía que era importante no solo conservarlo, sino también aumentarlo de manera sostenible.

Una de las estrategias clave que adoptó fue la inversión a largo plazo. Juan entendía que el tiempo era uno de los factores más poderosos en la creación de riqueza. Se comprometió a mantener sus inversiones durante períodos prolongados, aprovechando el poder de la capitalización compuesta. Esto significaba resistir la tentación de realizar cambios frecuentes en su cartera en respuesta a las fluctuaciones del mercado.

Juan también se centró en la diversificación inteligente de sus inversiones. Había aprendido que no todas las inversiones tenían el mismo nivel de riesgo y rendimiento. Distribuyó su cartera en una variedad de activos, incluyendo acciones, bonos, bienes raíces y otros vehículos de inversión. Esta diversificación reducía el riesgo y aumentaba las posibilidades de obtener rendimientos sostenibles.

Otra estrategia que abrazó fue la reinversión de dividendos y ganancias de capital. En lugar de retirar sus ganancias de inversión, las reinvertía automáticamente para comprar más activos. Esto le permitía aumentar constantemente su exposición a los mercados financieros y generar ingresos adicionales a través de los dividendos.

Juan también prestó atención a la planificación fiscal y la optimización de impuestos. Consultó con un asesor fiscal para aprovechar las oportunidades de reducción de impuestos legales disponibles para inversores y propietarios de empresas.

Esto le permitió retener una mayor parte de sus ganancias y aumentar su potencial de crecimiento de riqueza.

Además, Juan continuó su educación financiera y se mantuvo informado sobre las tendencias económicas y las oportunidades de inversión. Sabía que la toma de decisiones informadas era esencial para mantener y hacer crecer su riqueza de manera sostenible. Leía libros, seguía a expertos financieros y se mantenía al tanto de las noticias financieras.

Su enfoque en la sostenibilidad también se extendió a su estilo de vida. Juan vivía dentro de sus medios y evitaba el gasto excesivo. Mantenía sus gastos bajo control y evitaba la deuda innecesaria. Esto le permitía canalizar más recursos hacia la inversión y el crecimiento de su riqueza.

Daniel, su mentor, compartió su visión sobre el crecimiento sostenible de la riqueza. "La riqueza sostenible no es solo sobre el dinero", le dijo. "También se trata de construir un futuro financiero que sea equilibrado y significativo. Es un viaje a largo plazo que requiere disciplina y una visión clara".

A medida que Juan implementaba estas estrategias, se daba cuenta de que el crecimiento sostenible de la riqueza no se trataba solo de acumular dinero, sino de construir un legado financiero que perduraría a lo largo de las generaciones. Sabía que, con una estrategia sólida y un enfoque a largo plazo, podía mantener y hacer crecer su riqueza de manera constante.

Este capítulo destacó cómo Juan adoptó estrategias para el crecimiento sostenible de su riqueza a largo plazo. Mostró cómo la inversión a largo plazo, la diversificación, la reinversión de ganancias y la planificación fiscal son elementos clave en la creación de un patrimonio duradero y significativo.

XXIII

La jubilación y la planificación de la jubilación temprana

A medida que Juan avanzaba en su viaje hacia la independencia financiera, comenzó a considerar su futuro más allá de su carrera laboral activa. La jubilación era una etapa de la vida que quería abordar con cuidado y anticipación, y en su mente, no se trataba solo de dejar de trabajar, sino de disfrutar de la libertad financiera que había construido.

Uno de los primeros pasos que tomó fue establecer metas claras para su jubilación. Definió la edad a la que deseaba jubilarse y el estilo de vida que esperaba tener durante esa etapa. Esto le brindó un objetivo claro para trabajar y le ayudó a calcular cuánto necesitaría ahorrar para mantener su nivel de vida deseado.

Juan también comenzó a planificar su jubilación temprana. Sabía que, si bien la jubilación tradicional era una opción, también existía la posibilidad de jubilarse antes de la edad típica de retiro. Revisó cuidadosamente sus finanzas y estimó cuánto necesitaría para jubilarse antes de tiempo de manera segura.

Uno de los elementos clave en su estrategia de jubilación temprana fue la inversión a largo plazo. Juan se comprometió a seguir acumulando riqueza a lo largo de los años para tener la flexibilidad de retirarse cuando quisiera. Utilizó herramientas de planificación financiera para calcular cuánto podría retirar de sus inversiones cada año sin agotar su patrimonio.

Otra parte importante de su planificación fue la maximización de sus ahorros en cuentas de jubilación como el 401(k) o el IRA. Contribuyó regularmente a estas cuentas y aprovechó los beneficios fiscales que ofrecían. Sabía que estas cuentas serían una fuente valiosa de ingresos durante su jubilación.

Juan también consideró la diversificación de sus inversiones para reducir el riesgo en la jubilación. Mantuvo una cartera equilibrada y conservadora a medida que se acercaba a la jubilación, priorizando la preservación de capital sobre el crecimiento agresivo. Esto le daría una mayor estabilidad financiera durante sus años dorados.

La planificación de la jubilación no se trataba solo de dinero para Juan. También era importante para él asegurarse de que tendría actividades significativas y propósito durante su jubilación. Comenzó a explorar pasatiempos, viajes y oportunidades de voluntariado que enriquecerían su vida después de la jubilación.

Daniel, su mentor, compartió su experiencia con la jubilación temprana y los desafíos y recompensas que conllevaba. "La jubilación temprana no es solo un objetivo financiero, es un cambio de estilo de vida", le dijo. "Es importante estar preparado no solo financieramente, sino también emocionalmente."

A medida que avanzaba en su planificación de jubilación, Juan sabía que estaba creando un futuro en el que tendría la libertad de elegir cuándo y cómo retirarse. Había aprendido que la jubilación no era solo un evento en el futuro, sino una fase de la vida que podía diseñar de acuerdo con sus deseos y necesidades.

Este capítulo destacó cómo Juan comenzó a planificar su jubilación y la posibilidad de una jubilación temprana. Mostró cómo la definición de metas claras, la inversión a largo plazo, la maximización de ahorros y la consideración de actividades significativas contribuyeron a su planificación de jubilación exitosa.

XXIV

La importancia de la salud financiera y mental

A medida que Juan avanzaba en su viaje hacia la independencia financiera, comenzó a darse cuenta de que la salud financiera y mental eran fundamentales para su éxito en todos los aspectos de su vida. Había aprendido a manejar su dinero de manera efectiva, pero entendía que la gestión de la salud emocional y mental era igualmente esencial.

La salud financiera y mental estaban interconectadas de muchas maneras. Cuando las preocupaciones financieras se acumulaban, podían tener un impacto negativo en la salud mental. El estrés, la ansiedad y la preocupación constante por el dinero podían afectar la calidad de vida y las relaciones personales.

Juan comenzó a priorizar su bienestar mental y emocional. Practicaba la gestión del estrés a través de técnicas como la meditación, el ejercicio regular y la búsqueda de actividades relajantes. Se dio cuenta de que cuidar su salud mental no solo era importante para su bienestar, sino que también contribuía a tomar decisiones financieras más claras y racionales.

Además, se comprometió a mantener un equilibrio saludable entre el trabajo y la vida personal. Si bien estaba enfocado en su independencia financiera, sabía que no debía sacrificar su bienestar emocional en el proceso. Programaba tiempo para el ocio, pasatiempos y pasar tiempo con su familia y amigos.

La educación financiera también desempeñó un papel crucial en su salud financiera y mental. A medida que aumentaba su conocimiento financiero, se sentía más seguro y empoderado para tomar decisiones informadas. Se aseguró de estar al tanto de las mejores prácticas financieras y estrategias de inversión.

Además, Juan buscaba apoyo y orientación cuando era necesario. Consultaba a un asesor financiero y hablaba con un terapeuta cuando sentía que las preocupaciones financieras estaban afectando su bienestar emocional. Sabía que pedir ayuda no era una señal de debilidad, sino una estrategia inteligente para mantener su salud financiera y mental en equilibrio.

Daniel, su mentor, compartió su perspectiva sobre la importancia de la salud financiera y mental. "Tu mente es tu activo más valioso", le dijo. "Mantener un equilibrio saludable entre tu bienestar emocional y tu éxito financiero es esencial para una vida plena y significativa."

A medida que avanzaba en su viaje, Juan se dio cuenta de que la salud financiera y mental eran pilares fundamentales de su éxito general. Había aprendido que cuidar su mente y su bienestar emocional no solo mejoraba su calidad de vida, sino que también lo ayudaba a tomar decisiones financieras más sólidas y a disfrutar de su independencia financiera de manera más plena.

Este capítulo destacó cómo Juan priorizó su salud financiera y mental como parte fundamental de su viaje hacia la independencia financiera. Mostró cómo la gestión del estrés, el equilibrio entre el trabajo y la vida personal, la educación financiera y la búsqueda de apoyo contribuyeron a su bienestar general.

XXV

La filantropía y el impacto social

A medida que Juan avanzaba en su viaje hacia la independencia financiera, comenzó a considerar cómo su riqueza podría ser utilizada para hacer una diferencia positiva en la sociedad. Había aprendido a administrar su dinero de manera efectiva, pero también quería contribuir al bienestar de los demás y dejar un legado más allá de sus propios intereses financieros.

La filantropía se convirtió en una parte integral de su vida. Comenzó a investigar y apoyar causas que le apasionaban, como la educación, la salud, la conservación ambiental y la lucha contra la pobreza. Se involucró en organizaciones benéficas locales y globales, donando su tiempo y recursos para crear un impacto positivo.

Una de las estrategias que adoptó fue la creación de un fondo de donación. Estableció un fondo separado para la filantropía y destinó una parte de sus ingresos a este fondo cada año. Esto le permitía planificar y administrar sus donaciones de manera efectiva, asegurando que su contribución tuviera un impacto significativo.

Juan también consideró la inversión de impacto, una estrategia que le permitía generar un retorno financiero mientras contribuía a causas sociales y ambientales. Investigó oportunidades de inversión que alinearan sus objetivos financieros con sus valores éticos y sociales.

La educación y la sensibilización sobre las cuestiones sociales también eran importantes para Juan. Compartía sus conocimientos y experiencias financieras con otros, alentándolos a considerar el impacto social de sus decisiones financieras. Creía que todos tenían la capacidad de hacer una diferencia, independientemente de su nivel de riqueza.

Daniel, su mentor, compartió su experiencia en la filantropía y la importancia de crear un legado significativo. "La filantropía no se trata solo de dar dinero", le dijo. "Se trata de contribuir a la construcción de un mundo mejor y de inspirar a otros a hacer lo mismo."

A medida que avanzaba en su viaje, Juan se dio cuenta de que la filantropía no solo enriquecía su vida, sino que también tenía un impacto positivo en la sociedad y en las vidas de aquellos a quienes ayudaba. Sabía que, a través de su generosidad y su enfoque en el impacto social, estaba contribuyendo a un mundo más justo y compasivo.

Este capítulo destacó cómo Juan abrazó la filantropía y buscó hacer un impacto social positivo a medida que avanzaba hacia la independencia financiera. Mostró cómo la donación, la inversión de impacto y la sensibilización pueden ser herramientas poderosas para crear un cambio significativo en la sociedad.

XXVI

La continuación del legado y la educación financiera familiar

A medida que Juan se acercaba aún más a su independencia financiera, comenzó a reflexionar sobre cómo podía asegurarse de que su legado trascendiera su propia vida. Quería que su riqueza y sabiduría financiera beneficiaran a las generaciones futuras y ayudaran a su familia a construir un futuro financiero sólido.

Una de las primeras acciones que tomó fue iniciar conversaciones abiertas sobre finanzas con su familia. Compartió su experiencia y conocimientos financieros con sus seres queridos y los alentó a tomar decisiones informadas sobre el dinero. Creía que la educación financiera era un regalo valioso que podía ofrecer a sus hijos y nietos.

Además, Juan estableció un plan de sucesión financiera. Trabajó con un abogado y un asesor financiero para crear un plan que asegurara que sus activos se distribuyeran de acuerdo con sus deseos y que se minimizara la carga fiscal para sus herederos. También designó beneficiarios en sus cuentas de inversión y seguros de vida.

Uno de los aspectos más importantes de su plan de sucesión fue la creación de un fideicomiso de educación. Este fideicomiso tenía como objetivo financiar la educación universitaria de sus descendientes y proporcionarles las herramientas necesarias para tener éxito financieramente. Juan creía firmemente en la importancia de la educación como base para el éxito financiero.

Otra estrategia que adoptó fue la enseñanza práctica de habilidades financieras a sus hijos. Les brindó la oportunidad de aprender sobre el manejo del dinero desde una edad temprana, enseñándoles a presupuestar, ahorrar e invertir. Creía que darles responsabilidad financiera gradualmente los prepararía para la vida adulta.

Juan también consideró la posibilidad de establecer una fundación benéfica familiar. Esto le permitiría involucrar a su familia en la filantropía y trabajar juntos para apoyar causas importantes. Creía que esto fortalecería los lazos familiares y transmitiría valores de generosidad y responsabilidad social a las generaciones futuras.

Daniel, su mentor, compartió su experiencia en la transmisión del legado financiero y la importancia de la educación financiera familiar. "La educación financiera es un regalo que perdura", le dijo. "Preparar a tus descendientes para el éxito financiero es una inversión en el futuro de tu familia."

A medida que Juan avanzaba en su viaje, se dio cuenta de que la continuación del legado financiero y la educación financiera familiar eran una parte esencial de su independencia financiera. Sabía que al equipar a su familia con los conocimientos y recursos necesarios, estaba creando un futuro más sólido y significativo para las generaciones venideras.

Este capítulo destacó cómo Juan planificó y promovió la continuación de su legado financiero y la educación financiera en su familia. Mostró cómo la comunicación abierta, la planificación de sucesión, la educación financiera y la filantropía familiar pueden fortalecer los lazos familiares y preparar a las generaciones futuras para el éxito financiero.

XXVII

La resiliencia y la adaptabilidad financiera

A lo largo de su viaje hacia la independencia financiera, Juan se enfrentó a desafíos inesperados y cambios en su vida que pusieron a prueba su capacidad de adaptación. Comprendió que la resiliencia financiera y la capacidad de adaptación eran habilidades esenciales para mantener su éxito a largo plazo.

Uno de los desafíos más significativos que Juan enfrentó fue una recesión económica. Sus inversiones se vieron afectadas y experimentó una disminución en el valor de sus activos. Sin embargo, en lugar de entrar en pánico, revisó su estrategia financiera y ajustó su cartera de inversiones para ser más resiliente a las fluctuaciones económicas.

Otro desafío importante fue un cambio en su carrera. Juan perdió su trabajo debido a una reestructuración en la empresa en la que trabajaba. Aunque esto fue inicialmente preocupante, aprovechó la oportunidad para considerar nuevas posibilidades y explorar opciones de empleo que se alinearan mejor con sus objetivos financieros a largo plazo.

Juan también enfrentó gastos inesperados, como reparaciones en su hogar y gastos médicos inesperados. Había construido un fondo de emergencia, lo que le permitió cubrir estos costos sin tener que recurrir a deudas o retirar fondos de sus inversiones a largo plazo.

La adaptabilidad financiera fue clave en su capacidad para superar estos obstáculos. Juan entendía que la vida estaba llena de incertidumbre y que su capacidad para ajustar su estrategia financiera y tomar decisiones informadas era esencial para mantener su independencia financiera.

Además de la resiliencia financiera, Juan también priorizaba la resiliencia emocional. Practicaba la gestión del estrés y buscaba apoyo cuando enfrentaba desafíos financieros. Sabía que la capacidad de mantener una mentalidad positiva y enfocada era esencial para superar obstáculos.

Daniel, su mentor, compartió su experiencia en la resiliencia financiera y emocional. "La vida está llena de altibajos", le dijo. "Lo importante es cómo respondemos a esos desafíos. La resiliencia y la adaptabilidad nos permiten superar cualquier obstáculo que se presente."

A medida que Juan continuaba su viaje, se dio cuenta de que la resiliencia y la adaptabilidad financiera eran habilidades que le servirían no solo en su búsqueda de independencia financiera, sino a lo largo de toda su vida. Sabía que al abrazar estos principios, podía enfrentar cualquier desafío con confianza y determinación.

Este capítulo destacó cómo Juan desarrolló la resiliencia y la adaptabilidad financiera a lo largo de su viaje hacia la independencia financiera. Mostró cómo enfrentó desafíos inesperados y ajustó su estrategia para mantener su éxito a largo plazo.

XXVII

reflexión final

El viaje de Juan hacia la independencia financiera había sido un trayecto emocionante y gratificante. A lo largo de los años, había aprendido lecciones valiosas sobre la gestión del dinero, la inversión, la planificación para el futuro y, lo que era más importante, sobre sí mismo. Ahora, al acercarse al final de esta etapa, quería reflexionar sobre su experiencia y compartir algunas reflexiones finales.

1. El poder de la educación financiera: Juan entendía que la educación financiera era el cimiento de su éxito financiero. Había dedicado tiempo a aprender sobre conceptos clave, estrategias de inversión y gestión del dinero. La educación financiera no solo lo empoderó, sino que también le permitió tomar decisiones financieras más informadas.

2. La importancia de establecer metas claras: Desde el principio, Juan había establecido metas claras para su independencia financiera. Sabía cuándo quería jubilarse, cuánto necesitaba ahorrar y cómo planeaba lograrlo. Estas metas actuaron como un faro que lo guió en cada paso de su viaje.

3. La resiliencia y la adaptabilidad son esenciales: A lo largo de su viaje, Juan enfrentó desafíos inesperados, desde recesiones económicas hasta cambios en su carrera y gastos imprevistos. Su capacidad para adaptarse y mantener la resiliencia financiera fue fundamental para superar estos obstáculos.

4. La importancia de la salud financiera y mental: Juan comprendía que el éxito financiero no tenía sentido sin una buena salud financiera y mental. Practicaba la gestión del estrés, mantenía un equilibrio entre el trabajo y la vida personal y buscaba apoyo cuando lo necesitaba.

5. La filantropía y el impacto social son gratificantes: A medida que acumulaba riqueza, Juan también buscaba formas de contribuir al bienestar de los demás. Se involucró en causas benéficas y compartió su riqueza para hacer un impacto positivo en la sociedad. La filantropía le dio un sentido más profundo de propósito.

6. La educación financiera familiar es un legado duradero: Juan se dio cuenta de que su legado no se trataba solo de dinero, sino de conocimiento. Transmitir su educación financiera a su familia y proporcionar las herramientas para su éxito financiero fue una de las inversiones más significativas que hizo.

Mientras Juan reflexionaba sobre su viaje, se dio cuenta de que la independencia financiera no era solo un destino, sino un proceso continuo de aprendizaje y crecimiento. Había construido una base sólida para su futuro financiero, pero sabía que todavía había mucho por descubrir y lograr.

Daniel, su mentor, compartió una última reflexión: "El viaje hacia la independencia financiera es un camino único para cada uno de nosotros. Lo importante es no perder de vista lo que realmente valoramos en la vida y utilizar nuestro éxito financiero como una herramienta para alcanzar esos objetivos".

Con estas palabras en mente, Juan miró hacia el futuro con determinación y gratitud. Sabía que su viaje no había terminado, pero estaba listo para enfrentar cualquier desafío que se presentara en su búsqueda de una vida financiera plena y significativa.

El fin de este libro marca el comienzo de un nuevo capítulo en tu propio viaje hacia la independencia financiera. Que las lecciones aprendidas por Juan te inspiren a tomar medidas y trabajar hacia tus propios objetivos financieros y personales. La independencia financiera es un logro alcanzable para aquellos que están dispuestos a comprometerse y aprender a lo largo del camino.

Conclusión

En las páginas que has recorrido, hemos explorado el viaje de Juan, un viaje que comenzó con dudas y deudas, pero que culminó en la independencia financiera y la realización de sueños. A lo largo de esta narrativa, has adquirido valiosas lecciones sobre cómo dominar tus finanzas personales y transformar tu vida.

El viaje hacia la independencia financiera es un camino lleno de desafíos y oportunidades, pero es un camino que todos podemos emprender. Hemos aprendido que la educación financiera es el punto de partida, el fundamento sobre el cual se construye el éxito financiero. También hemos comprendido la importancia de establecer metas claras y alcanzables, que actúen como faros que nos guíen en momentos de duda.

A lo largo de este viaje, hemos explorado estrategias de inversión inteligentes y la gestión eficaz del dinero, entendiendo que cada centavo cuenta en la construcción de la riqueza. Hemos discutido la resiliencia y la adaptabilidad como habilidades cruciales para superar los obstáculos inesperados que la vida puede arrojar en nuestro camino.

Pero más allá del dinero, hemos abordado la importancia de cuidar nuestra salud financiera y mental. La independencia financiera no tiene sentido si no se acompaña de bienestar y equilibrio en todas las áreas de la vida. Hemos explorado cómo dejar un legado significativo y hacer un impacto positivo en la sociedad a través de la filantropía.

Al final de este libro, debes recordar que tu viaje hacia la independencia financiera es único. No se trata de compararte con otros, sino de definir tus propias metas y valores financieros. Cada paso que des te acercará a la libertad financiera, y cada decisión que tomes es un paso hacia una vida que elijas vivir.

Así que, ¿cuál será tu próximo paso en este viaje? ¿Qué acciones tomarás para transformar tus finanzas y alcanzar la independencia financiera? Recuerda que cada pequeño cambio puede marcar una gran diferencia con el tiempo.

Este libro ha sido solo el comienzo de tu camino hacia la independencia financiera. El éxito financiero es un proceso continuo de aprendizaje y crecimiento. Te invito a tomar lo que has aprendido aquí y aplicarlo en tu propia vida.

Recuerda que la independencia financiera no es solo un destino; es un viaje que se desarrolla a lo largo de toda una vida. Hoy, al cerrar este libro, estás tomando un paso significativo hacia un futuro financiero más brillante y una vida que te permita vivir tus sueños.

¡Tu viaje hacia la independencia financiera comienza ahora!

Sobre el Autor

Rodolfo Polanco es el seudónimo literario de un misterioso autor que ha cautivado a los lectores con sus historias intrigantes y su prosa elegante. Nacido en las montañas de la imaginación, Polanco ha pasado toda su vida explorando los confines de la mente humana y plasmándolos en sus novelas.

A lo largo de su carrera literaria, Rodolfo Polanco ha sido aclamado por su capacidad para tejer tramas complejas, personajes memorables y un estilo literario único que desafía las convenciones. Sus obras son un festín para los amantes de la literatura, transportándolos a mundos alternativos, tiempos históricos olvidados y emociones profundas que dejan una huella imborrable en el alma del lector.

Aunque Polanco mantiene su identidad en secreto, se rumorea que pasó años viajando por el mundo, absorbiendo las culturas y experiencias que nutren sus historias. Ha sido comparado con los grandes maestros de la literatura y su influencia es innegable en las generaciones de escritores que lo han seguido.

En sus propias palabras, Polanco se define como un buscador de verdades ocultas y un contador de historias apasionado. Su objetivo es llevar a los lectores a lugares inexplorados de la mente y el corazón, desafiándolos a cuestionar la realidad y descubrir la belleza en lo inesperado.

Las obras de Rodolfo Polanco son un regalo para aquellos que buscan la literatura como una puerta hacia lo desconocido y un espejo en el que reflejar sus propias almas.